# Das große Mädchen- Mal- und Stickerbuch

arsEdition

# Stickern und malen

In diesem Buch kannst du jede Seite weitermalen und selbst designen, wie es dir gefällt. Am Ende des Buchs findest du viele tolle Sticker, um fantastische Bilder zu gestalten. Die Seitenangaben bei den Stickern zeigen dir an, wo du die Sticker brauchst. Nimm deine Stifte zur Hand und denke dir eigene Designs und Muster aus. Ob elegant und chic oder total verrückt und ausgefallen – deiner Fantasie sind keine Grenzen gesetzt.

Jetzt bist du eine echte Künstlerin!

Dieses Buch ist Summer Haywood gewidmet.

© 2014 Buster Books
Titel der Originalausgabe: Girls´ World of Stickers – Stickers, Colouring and Doodling
Die Originalausgabe ist bei Buster Books erschienen,
einem Imprint von Michael O´Mara Books Ltd.
Illustrationen: Louise Anglicas, Annette Bouttell, Hannah Davies, Beth Gunnell,
Ann Kronheimer, Kate Sutton und Jo Taylor

Redaktion: Lauren Farnsworth
Umschlaggestaltung: Angie Allison

© 2016 für die deutsche Ausgabe:
arsEdition GmbH, Friedrichstraße 9, D-80801 München
Alle Rechte vorbehalten
Aus dem Englischen von Miriam Scholz

ISBN 978-3-8458-1082-9

www.arsedition.de

Dieses Buch wurde fertiggestellt von:

4

Verziere den
Schmetterling mit
schönen Stickern.

Style die Mädchen für
einen sonnigen Strandtag.

Fülle den Garten mit
schönen Vogel-, Fisch- und
Laternenstickern.

Bringe die Mandalas mit bunten
Farben zum Leuchten.

Male viele lustige Käfer.

12

Vervollständige die Blumen mit deinen Blütenstickern.

Kaffeekränzchen! Male die
leckeren Köstlichkeiten bunt aus.

Es ist wieder Jahrmarkt!

Verziere die schwebenden Laternen mit zarten Details.

17

Schmücke das
Haar der Geisha
mit deinen
Stickern.

Vollende den schönen
Knopfbaum mit deinen
Stickern.

Male die Chamäleons
kunterbunt aus.

20

21

Verziere den prächtigen
Haarschmuck mit
Edelsteinstickern.

Male die süßen
Kätzchen bunt aus.

Denke dir außergewöhnliche Muster für das Mandala aus ...

... und mache alles bunt!

Verziere die Luftballons mit bunten Mustern und klebe Ballonsticker dazu.

Verziere die Hände mit zarten Hennamustern und lackiere die Nägel des Mädchens. Male auch die funkelnden Ringe und Armreifen aus.

Dekoriere die leckere Torte.

Bastle Ketten mit
hübschen Perlenstickern.

31

Verziere die Kieselsteine mit tollen Mustern oder male sie wie Tiere an.

Lass die Masken mit deinen Stickern funkeln und glitzern.

Verziere die Lampions mit
zauberhaften Details.

Vollende die Muster der Libellen mit deinen Stickern.

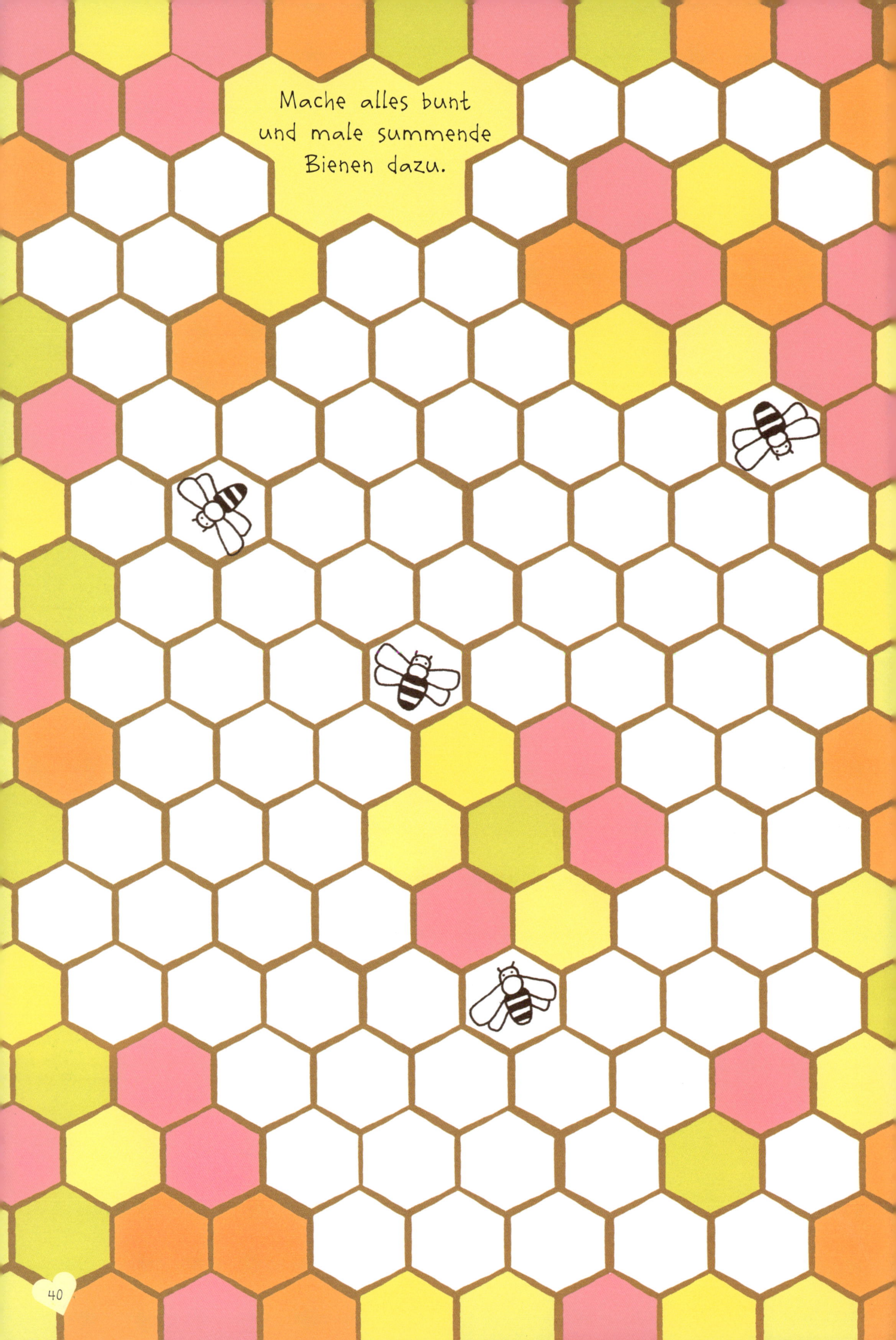

Male das
Elefantenmandala
kunterbunt aus.

Klebe deine Tiersticker in
die Waldlandschaft.

Dekoriere die Sandburgen mit bunten Muscheln und Fahnen.

Hänge viele tolle
Charmsticker an die
Armbänder.

46

Stecke der Prinzessin
prächtige Schmucksticker
ins Haar.

Verwandle die
Kürbisse in magische
Märchenkutschen.

Male fantastische
Flamingos!

Zaubere mit Stickern ein tolles Mosaikbild!

Male alle süßen Leckereien
kunterbunt an.

Stricke den Hunden warme Pullis mit lustigen Mustern.

Designe deine
eigene sensationelle
Modekollektion.

Ziehe den
Lebkuchenmännern
Sticker-Outfits an.

Vollende das edle Muster.

Verwandle jeden Punkt in eine lustige Grimasse!

Atemberaubende
Akrobaten!

Erschaffe mit deinen Stickern
eine zauberhafte Winterlandschaft.

Pflanze einen Obstgarten!

Verschönere die
Schuhe mit edlen
Stickern.

Du bist für die Farben im Modeatelier zuständig!

70

Bringe den
Nachthimmel
mit deinen
Sternenstickern
zum Strahlen.

72

74

Vollende den wundervollen Aztekenquilt.

LIEBE

Schreibe
Liebesbotschaften auf
die Zuckerherzen.

Ich liebe
dich

Du bist
süß

Hänge Perlen- und
Glöckchensticker an
die Windspiele.

Verziere die
mexikanischen
Zucker-Totenköpfe.

Zu Hause ist es am schönsten! Male die Stadt fertig.

Gib der Eule ein prächtiges
Gefieder aus Stickern.

Was passiert hinter den Fenstern?
Male geheimnisvolle Silhouetten.

Erschaffe eine magische Feenwelt.

Vervollständige
die Traumfänger
mit Feder- und
Perlenstickern.

Lass dich von diesem
Paisleymuster inspirieren.

Entwirf mit deinen
Blumenstickern
zauberhafte
Sträuße.

Fülle die wilden Wellen mit Leben!

Fantastische Fächer!

Gib den stolzen Pfauen schöne Federsticker.